INVENTAIRE
14209

Y².

PSYCHÉ

TIRAGE :

10 exemplaires sur papier de Chine
500 — sur papier vergé
___
510 exemplaires.

APULÉE

PSYCHÉ

Traduction nouvelle

PAR

VICTOR DEVELAY

De la Bibliothèque Sᵉ-Geneviève

PARIS

Librairie des Bibliophiles

Rue Saint-Honoré, 338

M DCCC LXXIII

PSYCHÉ

Il y avait dans un certain pays un roi et une reine qui avaient trois filles extrêmement belles. Les deux aînées, quelque charmantes qu'elles fussent, pouvaient toutefois être célébrées dignement par des louanges humaines; mais la beauté de la cadette était si merveilleuse et si rare, que le langage humain n'avait pas assez de termes pour l'exprimer et pour la louer suffisamment. Les habitants du pays et les étrangers, que la nouvelle de ce prodige attirait en foule, étaient confondus d'admiration devant cette beauté incomparable. Portant la main droite à leurs lèvres, en croisant l'index avec le pouce, ils lui rendaient les mêmes adorations qu'à la déesse Vénus.

Déjà le bruit s'était répandu dans les villes voisines et dans les pays environnants que la déesse, issue du sein azuré des mers et nourrie de l'écume des flots, popularisant sa divinité, vivait mêlée à la compagnie des mortels; ou du moins que, grâce à l'influence féconde des astres, la terre, et non plus la mer, avait fait éclore une seconde Vénus possédant la fleur de la virginité. Cette croyance fit de jour en jour d'immenses progrès. Des îles voisines, elle gagna le continent et se propagea dans tous les pays. On accourait en foule, des plus grandes distances, à travers les mers les plus éloignées, auprès de cette merveille du siècle. On oubliait Paphos, on oubliait Gnide, on n'allait même plus à Cythère pour voir la déesse Vénus. Ses sacrifices sont suspendus, ses temples dégradés, ses coussins foulés aux pieds ; plus de cérémonies, plus de couronnes à ses statues; des cendres froides déshonorent ses autels déserts. C'est à une jeune fille que s'adressent les prières; c'est sous des traits humains que l'on adore la puissante déesse. Le matin, quand la vierge sort, on lui offre en sacrifice, sous le nom de Vénus, des victimes et des festins, et, lorsqu'elle passe dans les rues, le public en foule l'invoque en lui jetant des guirlandes de fleurs.

Cette attribution impertinente des honneurs divins à une simple mortelle irrita profondément la véritable Vénus. Elle ne put contenir son indignation, et, secouant la tête en frémissant de colère : « Quoi! se dit-elle, moi, la mère de la nature, moi, le principe des éléments, moi, Vénus, l'âme de tout l'univers, je partage avec une simple mortelle les honneurs de la majesté divine, et mon nom, vénéré dans le ciel, est profané par les outrages des humains ! Avec cette divinité en commun, je serai donc exposée à recueillir des hommages qui ne seront pas pour moi ! Une créature périssable promènera partout l'image de Vénus ! Est-ce en vain que ce berger, dont le grand Jupiter a loué la justice et l'impartialité, m'a accordé la palme de la beauté sur deux puissantes déesses ? Ah ! quelle que soit celle qui usurpe mes honneurs, elle n'en jouira pas longtemps. Je la ferai bientôt repentir de ses insolents attraits. »

Aussitôt elle appelle son fils, ce garnement ailé, qui brave par son inconduite la morale publique, qui, armé de torches et de flèches, se glisse la nuit chez les gens, trouble tous les ménages, commet impunément toutes sortes de scandales et ne s'avise jamais du bien. Quoiqu'il soit naturellement enclin au mal, Vénus l'excite encore par ses propos. Elle le conduit à la ville en question, et lui montre Psyché (c'était le nom de la jeune fille). Après lui avoir raconté toute l'histoire de cette rivale de sa beauté, elle s'écrie en soupirant et en frémissant de dépit : « Je t'en conjure, au nom de la tendresse maternelle, par les douces blessures de tes flèches, par les délicieuses ardeurs de tes feux, venge ta mère, mais venge-la pleinement, et, par déférence pour moi, punis cette insolente beauté. Je ne te demande qu'une seule grâce, accorde-la-moi : que cette vierge s'enflamme du plus violent amour pour le dernier des hommes : pour un malheureux sans honneur, sans fortune, sans moyens d'existence; pour un être si bas que dans tout l'univers il ne trouve personne d'aussi misérable que lui. »

Elle dit, et, tenant son fils longtemps serré dans ses bras, elle lui prodigue les plus tendres baisers. Gagnant ensuite le bord du rivage battu des flots, elle effleure de ses pieds de rose l'écume des vagues onduleuses, et s'assied sur la surface humide de la mer profonde. Elle forme un vœu, et, à l'instant même, comme si ses ordres eussent été donnés depuis longtemps, les dieux marins s'empressent d'obéir. On voit paraître les filles de Nérée, chantant en chœur; Portune avec sa barbe bleue et hérissée; Salacie, le pan de sa robe chargé de poissons; le petit Palémon monté sur un dauphin, et des bandes de Tritons bondissant pêle-mêle sur la mer. Celui-ci tire d'une conque sonore des accords mélodieux; celui-là oppose un voile de soie aux ardeurs d'un soleil importun; un autre tient un miroir sous les yeux de sa maîtresse; d'autres poussent en nageant le char à deux coursiers. Tel est le cortége qui accompagne Vénus s'acheminant vers l'Océan.

Cependant Psyché, malgré tant de témoignages de sa beauté, n'en recueille aucun fruit. Tout le monde la contemple, tout le monde la loue, et personne, ni roi, ni prince, ni plébéien même ne se présente pour demander sa main. On admire, il est vrai, ses formes divines, mais on les admire comme une statue d'un travail exquis. Depuis longtemps ses deux sœurs aînées, dont la beauté ordinaire n'a été remarquée d'aucun peuple, ont eu des rois pour prétendants et ont fait de brillants mariages. Psyché, au contraire, privée d'époux, reléguée au logis, pleure sa solitude et son abandon; le corps malade, l'âme souffrante, elle maudit en elle cette beauté qui faisait les délices de tout l'univers.

Le malheureux père de cette fille infortunée, soupçonnant le courroux céleste et redoutant la colère des immortels, interroge l'antique oracle du dieu de

Milet. A force de prières et de victimes, il implore de cette puissante divinité, en faveur de la vierge disgraciée, l'hymen et un époux. Apollon, bien qu'appartenant à la Grèce et à l'Ionie par le fondateur de Milet, lui fit cette prédiction en latin :

« *Place sur un rocher, au haut d'une montagne, la jeune fille, pompeusement parée pour un funèbre hymen. N'espère point un gendre issu d'un sang mortel, mais un monstre affreux, cruel et implacable, qui, porté sur des ailes à travers l'espace, sème le trouble en tous lieux, promène partout le fer et la flamme, qui fait trembler Jupiter même, qui est l'effroi des dieux, et devant qui le fleuve ténébreux du Styx recule d'épouvante.* »

Le roi, jadis heureux, ayant entendu la réponse de l'oracle divin, revint chez lui d'un pas triste et lent, et fit part à son épouse des ordres funestes du destin. On se désole, on pleure, on se lamente pendant plusieurs jours ; mais il faut bien se soumettre à l'arrêt fatal. On fait les apprêts des noces funèbres de l'infortunée jeune fille. Le flambeau de l'hymen jette une fumée épaisse et noire ; la flûte zygienne rend les accords plaintifs du mode lydien ; le chant joyeux d'Hyménée se termine en cris lugubres ; la jeune épousée essuie ses larmes avec son voile nuptial. Tout le pays gémissait sur le triste sort de cette famille désolée, et, pour se conformer au sentiment général, un deuil public est proclamé.

Mais la nécessité d'obéir aux ordres célestes appelait la pauvre Psyché au supplice qui lui était destiné. Les cérémonies du mariage funèbre accomplies avec une profonde douleur, les funérailles vivantes s'avancent, suivies d'un peuple entier, et Psyché, digne objet de larmes, assiste non plus à ses noces, mais à ses obsèques. Pendant que ses père et mère, abattus et consternés par un si grand malheur, hésitent à consommer cet horrible sacrifice, leur fille elle-même les encourage en ces termes : « Pourquoi tourmenter votre malheureuse vieillesse par des pleurs continuels ? Pourquoi abréger, à force de sanglots, votre vie qui est plutôt la mienne ? Pourquoi flétrir par d'inutiles larmes votre visage que je vénère ? Pourquoi abîmer dans vos yeux mes yeux ? Pourquoi arracher vos cheveux blancs? Pourquoi meurtrir, vous, votre poitrine, et vous, vos saintes mamelles ? Voilà donc les brillants avantages que vous aurez recueillis de ma rare beauté ! Victimes des vengeances implacables d'une jalousie criminelle, vous vous en apercevez trop tard. Quand les peuples en foule nous rendaient les honneurs divins, qu'on me proclamait tout d'une voix une seconde Vénus, ah! c'est alors que vous auriez dû gémir, verser des larmes et pleurer mon trépas. Je sens, je vois maintenant que c'est le nom seul de Vénus qui m'a perdue. Conduisez-moi vers ce rocher que le sort m'a assigné, et qu'on m'y laisse! Il me tarde de conclure cet heureux hymen; j'ai hâte de voir ce noble époux auquel j'appartiens. Pourquoi différer? A quoi bon éviter l'approche de celui qui naquit pour la ruine du monde entier? »

Ayant dit ces mots, la vierge se tut, et, d'un pas ferme, se mêla au cortége. On se dirige vers le rocher indiqué au haut d'un mont escarpé ; on installe la jeune fille sur le sommet, après quoi tous l'abandonnent, en laissant sur place, éteintes avec des larmes, les torches nuptiales qui les avaient éclairés. La cérémonie terminée, chacun rentre chez soi, la tête baissée. Ses malheureux parents, abattus par un si rude coup, se renfermèrent dans le coin le plus sombre de leur palais et se condamnèrent à une nuit éternelle.

Psyché, tremblante d'effroi, pleurait à chaudes larmes sur la cime du rocher, quand tout à coup la douce haleine du zéphyr, agitant l'air amoureusement, fit voltiger çà et là les franges de sa robe, en gonfla les plis par un souffle paisible, et, la soulevant légèrement, la fit glisser petit à petit le long de la pente du rocher, et la déposa doucement sur un gazon émaillé de fleurs qui tapissait le bas de la vallée.

Psyché, au milieu d'une tendre et verte pelouse, mollement couchée sur un lit de gazon frais, goûta un doux repos qui la remit d'une si grande émotion. Ranimée par un sommeil réparateur, elle se lève avec un esprit plus calme. Elle voit une forêt plantée d'arbres hauts et touffus; elle voit, au milieu de cette forêt, une fontaine transparente comme le cristal. Au bord de cette fontaine est un palais, bâti non par des bras humains, mais par un architecte divin. On sent, dès l'entrée, que l'on est en face de la maison de plaisance d'un dieu. Les lambris du plafond, artistement sculptés en bois de citronnier et en ivoire, sont supportés par des colonnes d'or. Tous les murs sont couverts de bas-reliefs en argent représentant des animaux de toute espèce qui semblent venir au-devant de vos pas. Il a fallu un homme merveilleux, que dis-je, il a fallu un demi-dieu, ou plutôt un dieu, pour donner à ce métal un aspect si vivant. Les planchers, en mosaïque de pierres précieuses, offrent des peintures de différents sujets. Quel bonheur inouï de marcher sur ces diamants et ces joyaux ! Les autres parties de ce vaste édifice sont d'une richesse inappréciable. Les murailles, toutes revêtues d'or massif, brillent d'un éclat qui leur est propre, si bien qu'à défaut du soleil, ce palais trouverait en lui sa lumière, tant les appartements, les galeries et les portes même, étincellent de mille feux. L'ameublement répond à la magnificence de cette demeure, en sorte que l'on pourrait dire que ce palais divin a été construit pour que le grand

Jupiter y conversât avec les humains.

Attirée par le charme de ces beaux lieux, Psyché s'approche et s'enhardit à franchir le seuil. De plus en plus ravie par ce magnifique spectacle, elle admire chaque chose, et, visitant toutes les parties de l'édifice, elle voit des magasins d'une architecture parfaite, où sont entassées des richesses considérables. Tout ce qui n'est point là n'existe nulle part. Mais outre la surprise qu'excitaient tant de merveilles, ce qu'il y avait de plus extraordinaire, c'est que ni chaînes, ni barrières, ni gardes, ne défendaient ce trésor de l'univers entier.

Pendant qu'elle promenait partout ses regards avec un plaisir extrême, une voix sortie d'un corps invisible frappa son oreille et lui dit : « Pourquoi, maîtresse, vous étonner de tant de richesses ? Tout cela est à vous. Entrez donc dans un de ces appartements, reposez-vous de vos fatigues sur un lit, et commandez un bain. Nous, dont vous entendez la voix, nous sommes vos servantes empressées à vous obéir, et, dès que vous aurez réparé vos forces, un repas royal ne se fera pas attendre. »

Psyché reconnut la main d'une providence divine. Suivant les avis de ses conseillers invisibles, elle se repose de ses fatigues d'abord dans le sommeil, puis dans un bain. Ensuite, apercevant près d'elle une table en hémicycle, elle pense que c'est pour lui servir son dîner, et elle s'y place sans façon. Aussitôt des vins délicieux, des plats remplis de mets variés et succulents, lui sont apportés, sans qu'aucun serviteur paraisse, mais mus seulement par un souffle. Psyché ne voyait personne; elle n'entendait que des voix, et c'étaient ces voix qui la servaient. Après un excellent repas, un musicien invisible entra et se mit à chanter; un autre joua de la cithare, et on ne voyait ni l'instrument ni l'artiste. Ensuite un concert de voix se fit entendre, et, bien qu'aucun être humain ne parût, il était évident que c'était l'exécution d'un chœur. Ces plaisirs terminés, Psyché, voyant que le jour baissait, alla se coucher.

Un peu avant dans la nuit, un léger bruit frappa son oreille. Tremblant pour sa virginité au milieu d'une telle solitude, elle frissonne de crainte et d'horreur; l'ignorance où elle est du danger qui la menace redouble ses angoisses. Un mari inconnu s'était présenté, il avait pris place dans le lit, avait fait de Psyché sa femme et s'était retiré précipitamment avant le lever du jour. Aussitôt les voix qui avaient attendu à la porte de l'appartement prodiguèrent leurs soins à la jeune épouse, dont la virginité venait de succomber. Les choses se passèrent longtemps ainsi. Par un effet naturel, l'habitude rendit douce à Psyché sa nouvelle existence, et les voix mystérieuses la consolèrent dans sa solitude.

Sur ces entrefaites, son père et sa mère dépérissaient de chagrin. Le bruit de l'aventure s'étant répandu, ses sœurs aînées avaient tout appris ; aussitôt, tristes et affligées, elles avaient quitté leurs foyers et s'étaient empressées de se rendre auprès de leurs parents pour les voir et les entretenir. Cette même nuit, l'époux parla en ces termes à sa

Psyché (car, quoique invisible, elle le touchait et l'entendait) : « Tendre Psyché, ma chère épouse, la fortune implacable te menace d'un terrible danger, contre lequel je te conseille d'user des plus grandes précautions. Tes sœurs, alarmées du bruit de ta mort, sont à la recherche de tes traces et arriveront bientôt vers ce rocher. Si par hasard tu entends leurs lamentations, ne leur réponds pas et ne leur adresse pas même un regard. Il en résulterait pour moi un profond chagrin et pour toi un malheur irréparable. » Elle consentit et promit de se conformer aux volontés de son mari. Mais quand celui-ci eut disparu avec la nuit, la malheureuse passa toute la journée en larmes et en sanglots. « C'était pour le coup, répétait-elle, qu'elle était perdue sans ressources, puisque, renfermée dans une belle prison et sevrée de tout commerce humain, elle ne pouvait pas rassurer ses sœurs affligées de son sort et qu'il lui était même défendu de les voir » Bain, nourriture, distraction, elle refuse tout, et, pleurant à chaudes larmes, elle se met au lit.

Un instant après, son mari prit place sur sa couche un peu plus tôt qu'à l'ordinaire, et, l'ayant embrassée encore tout en pleurs, lui fit ces reproches :

« Sont-ce là tes promesses, ma Psyché ? Qu'est-ce que ton mari doit attendre et espérer de toi ? Le jour, la nuit, dans les bras de ton époux, tu ne cesses de gémir. Eh bien, fais ce que tu voudras, contente un désir funeste, mais rappelle-toi mes sages avis, lorsque viendra trop tard le moment du repentir. »

Alors, à force de prières et en menaçant de se donner la mort, elle arrache à son mari la permission tant désirée de voir ses sœurs, d'adoucir leur chagrin et de conférer avec elles. Le mari céda aux supplications de sa jeune épouse, et lui permit en outre de donner à ses sœurs tout l'or et tous les joyaux qu'elle voudrait. Mais il lui recommanda à plusieurs reprises et avec de terribles menaces de ne point écouter ses sœurs, si par hasard elles lui donnaient le pernicieux conseil de chercher à voir la figure de son mari, ajoutant que cette curiosité sacrilége la précipiterait du faîte des grandeurs dans un abîme et l'empêcherait de jouir désormais de ses embrassements.

Elle remercia son mari, et, dans le transport de sa joie : « Ah! plutôt cent fois mourir, lui dit-elle, que de renoncer à une si douce union! Car je t'aime passionnément ; qui que tu sois, je te chéris autant que ma vie, et Cupidon lui-même n'est point comparable à toi. Mais, je t'en supplie, accorde-moi encore une grâce : ordonne à ton serviteur Zéphyr d'amener mes sœurs ici comme il m'y a transportée moi-même. » Et, le couvrant de baisers persuasifs, lui prodiguant des paroles séduisantes, l'enlaçant étroitement dans ses bras, elle ajoute à ses caresses ces mots si tendres : « Mon cœur, mon époux, chère âme de ta Psyché ! » Instrument des vengeances et du pouvoir de Vénus, le mari succomba malgré lui et promit de faire ce qu'on lui demandait. Puis, à l'approche du jour, il disparut encore des bras de son épouse.

Cependant les deux sœurs,

s'étant informées du rocher et de l'endroit où Psyché avait été abandonnée, y arrivèrent en hâte. Là, elles versèrent des torrents de larmes et se frappèrent la poitrine à coups redoublés. Leurs cris incessants étaient répétés par les rochers et les montagnes. Elles appelaient par son nom leur sœur infortunée. Au bruit perçant de ces voix plaintives qui parvenaient dans la plaine, Psyché, éperdue et haletante, s'élance hors du palais. « Pourquoi, leur dit-elle, vous affliger en vain par de tristes lamentations? La voilà celle que vous pleurez. Cessez vos cris de douleur, et séchez enfin vos joues depuis si longtemps inondées de larmes, puisque vous pouvez embrasser celle que vous regrettiez. » Alors elle appelle Zéphyr et lui transmet les ordres de son époux. Aussitôt, serviteur docile, Zéphyr, d'un souffle léger, enlève les deux sœurs et les transporte sans leur faire aucun mal. On se prodigue de mutuels embrassements accompagnés de mille baisers; aux larmes de la douleur succèdent les larmes de la joie : « Entrez, leur dit Psyché, dans ma demeure ; plus de chagrin, consolez-vous, puisque votre Psyché est retrouvée. » En disant ces mots, elle leur montre les richesses splendides de ce palais d'or, leur fait entendre la foule nombreuse des voix qui la servaient, leur offre un bain somptueux et les restaure copieusement par des mets recherchés rappelant la table des immortels. Rassasiées par la vue de tant de trésors vraiment divins, les deux sœurs nourrissaient déjà l'envie au fond de leur cœur.

A la fin l'une d'elles accabla Psyché de questions les plus minutieuses et les plus pressantes pour savoir quel était le maître de ces richesses célestes, quel était le nom de son mari et comment il était de sa personne. Psyché se garda bien de violer les ordres de son époux et de révéler le mystère. Elle imagina de dire que c'était un beau jeune homme, dont les joues étaient ombragées d'un duvet naissant et qui passait tout son temps à chasser par monts et par vaux. Puis, dans la crainte de trahir son secret en prolongeant la conversation, elle chargea ses sœurs de vases d'or et de parures de diamant, et aussitôt appelant Zéphyr, elle lui enjoignit de les remmener, ce qui fut exécuté sur-le-champ. En retournant chez elles, ces excellentes sœurs, dévorées déjà du venin de l'envie, causèrent entre elles avec animation. « Voyez, dit l'une, combien la fortune est aveugle, injuste et cruelle. A-t-elle bien pu permettre que trois sœurs issues du même sang eussent des conditions différentes ! Nous qui sommes les aînées, mariées à des étrangers pour être leurs servantes, nous vivons éloignées de notre berceau et de notre patrie, exilées en quelque sorte loin de nos parents. Cette cadette, au contraire, dernier fruit d'un flanc tari, a épousé un dieu et nage dans l'opulence, sans savoir user convenablement de tant de richesses. Avez-vous vu, ma sœur, tous ces bijoux d'un si grand prix semés pêle-mêle dans ce palais ? ces robes éblouissantes ? ces étincelantes pierreries ? cette quantité d'or qu'on foule à chaque pas sous ses pieds ? Si elle possède encore un mari aussi beau qu'elle le dit, il n'y a point de femme plus heureuse dans le monde entier. Peut-être même, l'intimité grandissant et l'affection devenant plus forte, le dieu son époux en fera-t-il aussi une déesse. Par Hercule ! c'est la vérité ; elle en avait le port et la démarche. Déjà elle tient ses regards élevés vers le ciel, et l'on pressent la déesse dans cette femme qui a des voix pour servantes et qui commande même aux vents. Et moi, malheureuse que je suis, le sort m'a donné pour mari un homme plus vieux que mon père, plus chauve qu'une citrouille, plus petit qu'un nabot, et qui tient tout fermé à la maison sous chaînes et sous verrous. »

L'autre reprit : « Moi j'ai sur les bras un mari perclus, courbé par la goutte, et qui, pour cela, fête très-rarement mes charmes. Je passe tout mon temps à frictionner ses doigts tordus et durs comme de la pierre ; des remèdes puants, des linges sales, des cataplasmes infects racornissent mes mains si délicates. Je ne remplis pas le rôle d'une épouse, j'exerce le rude métier de garde-malade. C'est à vous de voir, ma sœur, si vous êtes disposée à supporter avec patience, ou, pour parler net, avec servilité la situation qui nous est faite. Pour moi, je ne puis souffrir plus longtemps qu'une si brillante fortune soit tombée entre des mains si indignes. Rappelez-vous avec quelle hauteur et quelle arrogance elle nous a traitées ; combien cet impertinent étalage trahissait une âme gonflée de vanité ; comme elle nous a jeté à regret quelques bribes de tant de richesses, et, pour vite se débarrasser de nous, comme elle nous a fait chasser et balayer dehors ! J'y perdrai mon sexe, j'y perdrai la vie, ou je la précipiterai du faîte de sa grandeur. Si vous aussi, comme il est juste, vous êtes piquée de notre affront, nous chercherons ensemble un bon expédient.

D'abord nous ne montrerons ni à nos parents ni à personne ce que nous apportons; nous ne saurons même pas si elle vit. C'est déjà trop d'avoir vu nous-mêmes des choses qui nous ont mortifiées, sans aller encore publier dans notre famille et devant tout l'univers le récit pompeux de sa félicité. La richesse qui n'est connue de personne n'est pas un bonheur. Psyché saura que nous ne sommes pas ses servantes mais ses sœurs aînées. Maintenant retournons vers nos maris, allons revoir nos lares pauvres, mais irréprochables, puis, quand nous aurons bien concerté nos mesures, nous reviendrons avec plus de force pour punir son orgueil. »

Ce mauvais dessein est approuvé des deux méchantes sœurs. Ayant caché tous leurs présents si précieux, elles s'arrachent les cheveux, se meurtrissent le visage, comme elles le méritaient, et répandent des larmes feintes. Après avoir ravivé de la sorte la douleur de leurs père et mère, elles les quittent brusquement et rentrent chez elles, le cœur gonflé de rage, méditant une trame scélérate, ou plutôt un parricide contre leur innocente sœur.

Cependant l'époux mystérieux de Psyché lui fait dans ses entretiens nocturnes de nouvelles recommandations. « Ne vois-tu donc pas, lui dit-il, de quel danger encore éloigné la fortune te menace ? Si tu ne te tiens pas solidement sur tes gardes, elle t'attaquera bientôt corps à corps. De perfides mégères, acharnées contre toi, te tendent des piéges criminels. Leur but est de te pousser à voir mon visage; or, je te l'ai dit souvent, si tu le vois une seule fois tu ne le reverras plus. Ainsi donc, si ces affreuses lamies, armées de coupables desseins, reviennent encore (et elles viendront, je le sais) ne leur dis pas un mot. Si par candeur et par tendresse tu ne pouvais t'empêcher de leur parler, du moins en ce qui concerne ton mari, n'écoute rien et ne réponds rien. Car notre famille va bientôt s'accroître : ton sein, qui est encore celui d'un enfant, porte un autre enfant, divin si tu sais garder nos secrets, mortel si tu les violes. »

Psyché, à cette nouvelle, rayonna de joie ; elle s'applaudit de donner naissance à un rejeton divin, fut heureuse et fière d'avoir un gage de son hymen et se réjouit du titre auguste de mère. Elle compte avec impatience les jours qui passent et les mois qui s'écoulent; ignorant la cause de sa grossesse, elle s'étonne qu'une petite piqûre ait pu donner à son ventre un tel développement. Mais déjà ces deux pestes, ces abominables furies, exhalant un poison mortel, naviguaient avec une criminelle célérité.

Alors l'époux passager de Psyché lui réitère ainsi ses recommandations : « Voici le dernier jour et le moment suprême. Un sexe ennemi, une parenté hostile a pris les armes, a levé le camp, est entrée en campagne et a sonné le clairon. Déjà, le poignard à la main, tes sœurs scélérates viennent pour t'égorger. Ah ! que de malheurs nous menacent, ma chère Psyché ! Aie pitié de toi et de moi; que ton inviolable discrétion sauve d'un désastre imminent ton époux, ta maison, ta personne et notre petit enfant. Ne vois plus, n'écoute plus ces femmes odieuses, qu'en raison de leur haine mortelle et de leur mépris des liens du sang tu ne dois plus appeler tes sœurs, quand debout sur le rocher, à la façon des sirènes, elles feront retentir les montagnes de leurs funestes accents. »

Psyché lui répondit d'une voix entrecoupée de larmes et de sanglots : « Depuis longtemps, je crois, tu as eu des preuves de ma fidélité et de ma discrétion ; et cette fois encore tu reconnaîtras la fermeté de mon caractère. Ordonne seulement de nouveau à notre ami Zéphyr qu'il s'acquitte de son emploi ; et, puisque tu me refuses de contempler ton auguste image, rends-moi du moins la vue de mes sœurs. Je t'en conjure par ces cheveux odorants qui flottent sur tes épaules, par tes joues délicates et rondelettes comme les miennes, par ta poitrine qui brûle de je ne sais quel feu. Puissé-je un jour connaître tes traits dans notre petit enfant ! Exauce mes vives et ferventes prières, permets-moi d'embrasser mes sœurs, accorde cette consolation à ta Psyché qui t'est chère et ne vit que pour toi. Je ne demande plus à voir ton visage ; je ne me plains plus de l'obscurité de la nuit : je te possède, toi, ma lumière. » L'époux, charmé par ces paroles et ces caresses enivrantes, essuya de ses cheveux les larmes de son épouse, lui promit d'accéder à son désir, et disparut avant l'aube du jour naissant.

Sitôt débarquées, les deux sœurs complices, sans même aller voir leurs parents, s'acheminent tout droit vers le rocher avec une vitesse extraordinaire. Là, sans attendre la présence du vent qui devait les porter, elles s'élancent dans l'espace avec une hardiesse téméraire. Fidèle aux ordres de son roi, Zéphyr les reçut, quoiqu'à regret, dans son sein et les déposa sur le sol. Sans tarder, elles franchissent le seuil du palais, embrassent leur proie en l'appelant faussement leur sœur, et, cachant sous des dehors joyeux la profonde méchanceté qui couvait dans leur âme, elles lui adressent ces paroles flatteuses : « Psyché, tu n'es plus une petite fille comme auparavant, te voilà mère à ton tour. Songes-tu à tout le bonheur que ta grossesse nous promet, à la joie qu'elle va répandre dans toute la famille ? Oh ! que nous serons heureuses de nourrir ce charmant enfant ! S'il répond, comme il le doit, à la beauté de son père et de sa mère, ce sera un vrai Cupidon. » C'est ainsi que, sous le masque de l'affection, elles s'insinuent peu à peu dans l'esprit de leur sœur.

Lorsqu'elles se furent reposées sur des siéges des fatigues de la route, et qu'elles eurent pris un bain chaud, Psyché les conduisit dans une superbe salle à manger et les régala des mets les plus rares et les plus exquis. Elle ordonne à la cithare de parler, ses cordes résonnent; aux flûtes de jouer, leurs sons frappent l'oreille; aux chœurs de chanter, un concert commence. Les accords les plus mélodieux caressaient l'âme des auditeurs sans qu'aucun musicien parût. Toutefois la méchanceté de ces femmes abominables ne s'apaisa point devant les charmes de cette délicieuse harmonie. Tournant la conversation vers le piége qu'elles voulaient tendre, sans faire semblant de rien, elles demandent à Psyché quel était son mari et de quelle famille il était issu. Celle-ci, dans sa naïveté, oubliant ce qu'elle avait dit d'abord, forge un nouveau mensonge : elle répond que son mari est d'une province voisine, qu'il fait un grand commerce, qu'il est dans la maturité de l'âge et que ses cheveux commencent à grisonner; puis, rompant vite ce discours, elle charge de nouveau ses sœurs de riches présents, et les confie au véhicule aérien.

Tandis que, transportées dans les airs par le souffle paisible de Zéphyr, elles retournent vers leur demeure, elles se communiquent ainsi leurs réflexions : « Que dire, ma sœur, du monstrueux mensonge de cette folle ? Il s'agissait d'abord d'un jeune homme dont le menton était à peine garni d'un léger duvet; maintenant c'est un homme mûr, remarquable par la blancheur de ses cheveux. Quel est donc cet être qui en si peu de temps a été transformé par une vieillesse soudaine ? De deux choses l'une, ma chère sœur : ou cette femme abominable a inventé un mensonge, ou elle ne connaît pas la figure de son mari. Dans tous les cas, il faut la déposséder au plus tôt de cette haute fortune. Si elle ignore le visage de son mari, elle a sans doute épousé un dieu, et c'est un dieu que sa grossesse nous promet. Ah ! si, contre mon attente, elle devenait mère d'un divin enfant, je me pendrais aussitôt. Retournons donc auprès de nos parents, et ourdissons une trame qui concorde avec la déclaration de Psyché. »

Ainsi enflammées, elles daignent à peine adresser quelques mots à leurs parents, et passent la nuit entière dans la plus grande agitation. Dès le matin, elles courent au rocher, d'où elles s'envolent rapidement grâce à l'assistance du vent, et, mouillant leurs yeux de larmes à force de presser leurs paupières, elles abordent la jeune fille avec ce discours artificieux :

« Tu vis heureuse, toi, et,

ignorant les dangers que tu cours, tu t'endors dans une douce quiétude. Mais nous, qui veillons avec un zèle de tous les instants à tes intérêts, nous sommes cruellement tourmentées par les périls qui te menacent. Nous savons à n'en point douter, et nous prenons trop de part à ta douleur et à ton infortune pour te cacher qu'un énorme serpent, rampant à l'aide de mille anneaux, le cou ensanglanté d'un poison mortel, ouvrant une gueule démesurée, vient furtivement toutes les nuits partager ta couche. Rappelle-toi maintenant l'oracle de la Pythie qui a déclaré que tu étais destinée en mariage à un monstre des plus cruels. Plusieurs habitants du pays, les chasseurs d'alentour et beaucoup de gens des environs l'ont vu revenir le soir du pâturage et traverser à la nage le fleuve voisin. Tout le monde assure que tu ne goûteras pas longtemps toutes ces douceurs, mais qu'aussitôt que ta grossesse aura atteint sa pleine maturité, il te dévorera toi et ton fruit. C'est à toi maintenant d'examiner si tu veux en croire tes sœurs qui tremblent pour ta chère existence, et, en fuyant la mort, vivre avec nous à l'abri du danger, ou bien être ensevelie dans les entrailles d'une bête féroce. Si la solitude de cette campagne où l'on n'a d'autre compagnie que des voix, si les impures et dangereuses jouissances d'un amour clandestin et les embrassements d'un serpent venimeux te séduisent, nous aurons du moins en pieuses sœurs accompli notre devoir. »

La pauvre Psyché, simple et confiante, est atterrée par cette affreuse révélation. Ne se possédant plus, elle oublia complétement toutes les recommandations de son mari ainsi que les promesses qu'elle lui avait faites, et se précipita elle-même dans un abîme de malheurs. Tremblante, d'une pâleur livide, elle murmura d'une voix éteinte des mots entrecoupés, et répondit :
« En vérité, très-chères sœurs,

vous restez fidèles, comme il convient, aux lois de la tendresse. Ceux qui vous ont dit cela, ne me semblent pas avoir inventé un mensonge. Car je n'ai jamais vu la figure de mon mari et j'ignore totalement de quel pays il est. Je passe les nuits avec un époux dont la condition m'est inconnue, qui fuit la lumière et dont j'entends seulement la voix, et je vous crois parfaitement quand vous dites que ce doit être quelque monstre. Il me défend toujours expressément de le voir et me menace d'un grand malheur si j'avais cette curiosité. Maintenant, si vous pouvez procurer à votre sœur un secours efficace dans ce danger, venez vite à mon aide; car l'incurie qui suit la prévoyance en détruit les bienfaits. »

Alors ces femmes scélérates, trouvant les portes ouvertes, et voyant à nu l'âme de leur sœur, renoncent à leurs menées souterraines, mettent l'épée à la main pour consommer leur crime et s'emparent de l'esprit simple et effrayé de la jeune fille. L'une d'elles, prenant la parole : « Puisque les liens du sang, dit-elle, nous obligent à braver tous les dangers pour ta conservation, nous t'indiquerons, après y avoir mûrement réfléchi, le seul moyen qui puisse te sauver. Prends un poignard bien tranchant, que tu aiguiseras encore en le repassant doucement sur la paume de ta main, et cache-le soigneusement dans l'endroit du lit où tu as l'habitude de coucher. Remplis une lampe d'huile pour qu'elle brille d'une vive lumière, et dépose-la sous une marmite renversée. Fais tous ces préparatifs dans le plus grand secret. Lorsque le monstre, selon sa coutume, aura monté en rampant sur le lit, qu'il s'y sera étendu et que, plongé dans le premier sommeil, sa respiration indiquera qu'il dort profondément, glisse-toi hors du lit, marche pieds nus en assoupissant le bruit de tes pas, et, débarrassant la lampe de sa prison ténébreuse, emprunte sa lumière pour accomplir ton exploit. Saisis ton poignard à deux tranchants, lève hardiment le bras et, frappant de toutes tes forces, détache la tête du cou de ce serpent malfaisant. Notre assistance ne te manquera pas. Nous serons prêtes à voler à ton secours et, aussitôt que tu auras assuré ton salut par le trépas du monstre, nous t'aiderons à emporter rapidement tous les trésors de ce palais, et nous te marierons selon tes vœux en te donnant pour époux un être humain. » Après avoir enflammé par ces paroles incendiaires le cœur de leur sœur déjà bouillant, elles l'abandonnèrent aussitôt dans la crainte de rester à proximité du drame qui allait s'accomplir. Déposées sur le rocher par l'aile du Zéphyr, elles fuient comme l'éclair, s'embarquent, et disparaissent.

Psyché, laissée seule, n'est point seule : agitée par les Furies, son âme bouillonne comme les flots de la mer en courroux. Malgré tout son courage et sa résolution, au moment de consommer son crime, elle hésite chancelante, et mille funestes pressentiments la retiennent. Elle se hâte, s'arrête, s'anime, tremble, faiblit, s'emporte, bref dans le même être elle hait un affreux reptile et chérit un époux. Néanmoins, lorsque le soir ramena les ténèbres, elle fit en toute hâte les apprêts de son criminel dessein.

La nuit était venue, l'époux était arrivé, et, après avoir livré les premiers combats de l'amour, il s'était endormi d'un profond sommeil. Alors Psyché, toute faible qu'elle était de corps et de caractère, secondée par l'implacable fatalité, s'arme de courage; elle prend la lampe et saisit le poignard; son audace a changé son sexe. Mais à peine un jet de lumière a-t-il éclairé les secrets de la couche, qu'elle voit de tous les monstres le plus doux et le plus aimable, Cupidon lui-même, le dieu charmant, couché dans une posture charmante. A cette vue, la lampe elle-même pétilla de joie, et le poignard eut horreur de sa pointe sacrilége.

A cet aspect inattendu, Psyché, désabusée, hors d'elle-même, saisie d'une pâleur mortelle, s'affaissa en tremblant sur ses genoux, et voulut enfoncer le fer, mais dans sa poitrine. Elle l'eût fait sans aucun doute si le fer, dans la crainte de commettre un si grand forfait, n'eût glissé de ses mains téméraires. Toutefois, malgré son abattement et son désespoir, à force de contempler la beauté de ce divin visage, ses esprits se raniment.

Elle admire cette tête éblouissante, cette opulente chevelure ruisselante d'ambroisie, ce cou d'une blancheur de lait, ces joues d'un vif incarnat, ces boucles de cheveux qui, dans un gracieux négligé, retombaient les unes sur le front, les autres en arrière. Leur éclat était si flamboyant qu'il faisait vaciller la lumière même de la lampe. Aux épaules du dieu volage brillent des ailes couleur de rose, et, bien que ces ailes soient en repos, les plumes légères et délicates qui les bordent s'agitent avec un voluptueux frémissement. Le reste du corps était lisse et de toute beauté, tel enfin que Vénus n'avait point à regretter de l'avoir mis au monde.

Aux pieds du lit gisaient un arc, un carquois et des flèches, armes propices du dieu puissant. Psyché, cédant à sa curiosité, ne se lasse pas d'examiner, de manier et d'admirer les armes de son époux. Elle tira une flèche du carquois, et voulut en essayer la pointe sur le bout de son pouce ; mais ses doigts encore tremblants appuyèrent trop fort et elle se fit une piqûre assez profonde pour que des goutelettes d'un sang rose humectassent la surface de sa peau. C'est ainsi que, sans y penser, Psyché s'éprit d'amour pour l'Amour. De plus en plus enflammée pour Cupidon, elle se penche sur lui, le dévore des yeux, lui prodigue les baisers les plus tendres et les plus ardents, tout en craignant d'interrompre son sommeil.

Tandis qu'en proie à un si grand bonheur, son cœur blessé flotte irrésolu, la lampe, soit noire perfidie, soit jalousie coupable, soit désir de toucher un si beau corps et de le baiser en quelque sorte à son tour, rejette de son foyer lumineux une goutte d'huile bouillante sur l'épaule droite du dieu. Ah ! lampe audacieuse et téméraire, vil instrument de l'amour, tu brûles le dieu qui allume toute flamme; et pourtant n'est-ce pas un amant, jaloux de jouir longtemps pendant la nuit de l'objet de ses vœux, qui le premier t'a inventée ?

Le dieu, se sentant brûler, se réveilla en sursaut, et, voyant qu'on avait trahi indignement son secret, il s'envola sans mot dire loin des yeux et des mains de sa malheureuse épouse. Mais Psyché, le saisissant des deux mains par la jambe droite, s'attache tristement à lui dans son vol, le suit dans la région des nuages en se suspendant à sa personne, et enfin, épuisée de fatigue, elle tombe à terre. Le dieu son amant ne voulut point l'abandonner dans cette situation : il s'envola sur un cyprès voisin et, du haut de cet arbre, il lui parla ainsi d'une voix pleine d'émotion :

« Trop crédule Psyché, loin d'obéir aux ordres de Vénus, ma mère, qui voulait que, éprise d'amour pour le plus malheureux et le dernier des hommes, tu contractasses un vil mariage, c'est en qualité d'amant que j'ai volé vers toi. En cela j'ai agi légèrement, je le sais; moi, cet archer fameux, je me suis frappé moi-même d'un de mes traits, et j'ai fait de toi mon épouse. Était-ce donc pour que je te parusse un monstre, et que tu tranchasses avec le fer ma tête où sont ces yeux qui t'adorent ? Je t'ai dit bien des fois d'être sur tes gardes, je t'ai prodigué les avis les plus bienveillants. Tes nobles conseillères expieront bientôt leurs perfides leçons ; pour toi, je ne te punirai que par ma fuite. » En achevant ces paroles, il ouvrit ses ailes et prit son essor dans les airs.

Psyché, prosternée à terre, suivit du regard, autant que sa vue pouvait s'étendre, le vol de son mari, et se répandit en lamentations. Quand, fuyant à tire-d'ailes, il eut disparu dans l'espace, elle courut se précipiter dans un fleuve voisin. Mais le fleuve compatissant, par respect pour le dieu, sans doute, et aussi par crainte de celui qui sait enflammer même les eaux, la souleva sur ses vagues inoffensives et la déposa sur une rive émaillée de fleurs.

En ce moment, Pan, le dieu rustique, était assis par hasard sur la berge du fleuve; il avait recueilli par terre celle qui fut la déesse Canna, et il lui apprenait à rendre mille sons divers*. Près du fleuve, des chèvres paissaient çà et là et broutaient en folâtrant l'herbe du rivage. Le dieu aux pieds de bouc, voyant Psyché souffrante et abattue, et connaissant d'ailleurs son aventure, l'appela avec douceur au-

---

* La nymphe Canna, pour échapper aux poursuites de Pan s'étant jetée dans un fleuve, fut changée en roseau. On sait que la flûte de Pan se compose d'un assemblage de tubes de roseau d'inégale grandeur.

près de lui et lui adressa ces paroles consolantes : « Charmante enfant, je ne suis qu'un campagnard et un gardeur de chèvres, mais dans ma longue vieillesse j'ai acquis beaucoup d'expérience. Si je ne me trompe pas dans ce que les hommes sensés appellent l'art de deviner, ces pas chancelants et mal assurés, cette excessive pâleur, ces soupirs continuels, ces yeux pleins de tristesse, annoncent que tu souffres d'un violent amour. Écoute donc mes conseils : renonce à te précipiter ou à te détruire par un autre genre de mort; sèche tes larmes, calme ton chagrin ; adresse plutôt tes prières à Cupidon, le plus puissant des dieux ; il est jeune, voluptueux, sensible, une tendre déférence te le gagnera. »

Ainsi parla le dieu pasteur. Psyché ne lui répondit pas, elle adora seulement sa divinité bienfaisante et continua sa route. Après avoir cheminé longtemps et péniblement le long d'un sentier inconnu qui allait en pente, elle arriva dans une ville où régnait le mari d'une de ses sœurs. Psyché, apprenant cela, fit annoncer sa présence à sa sœur. Introduite aussitôt, après un échange d'embrassements et de compliments, comme on lui demandait le motif de son arrivée, elle parla ainsi :

« Tu te rappelles le conseil

que vous me donnâtes au sujet du monstre qui sous le faux nom d'époux couchait avec moi ; vous m'engageâtes à le tuer avec un poignard à deux tranchants avant qu'il engloutît dans ses entrailles votre malheureuse sœur. J'approuvai ce dessein ; mais dès qu'à la faveur de la lumière j'aperçus ses traits, un spectacle merveilleux et divin s'offrit à mes regards ; je vis le fils même de la déesse Vénus, oui, Cupidon en personne qui reposait d'un paisible sommeil. Ravie à la vue d'un pareil trésor, ivre de volupté, une surexcitation douloureuse agitait mes sens quand, par un malheur affreux, la lampe laissa tomber une goutte d'huile bouillante sur son épaule. Réveillé aussitôt par la douleur, et me voyant armée du fer et du feu : « Pour un « crime aussi abominable, me « dit-il, sors à l'instant de mon « lit et prends ce qui t'appar- « tient. C'est ta sœur (et il a « prononcé ton nom) que je « veux désormais pour épouse. » En même temps il donna l'ordre à Zéphyr de me transporter au delà des bornes de sa demeure. »

Psyché n'avait pas fini de parler que l'autre, aiguillonnée à la fois par une folle passion et par une jalousie criminelle, invente un mensonge pour tromper son mari, et, sous prétexte qu'elle venait d'apprendre la mort de ses parents, elle s'embarque aussitôt. Elle se dirige au plus vite vers le rocher, et, quoique ce fût un autre vent qui soufflât, toute remplie d'une aveugle espérance : « Cupidon, reçois une épouse digne de toi, s'écrie-t-elle, et toi, Zéphyr, accueille ta maîtresse. » En même temps elle se précipite d'un bond. Toutefois elle ne put parvenir, même morte, où elle désirait aller. Ses membres se dispersèrent en roulant de rocher en rocher; ses entrailles furent déchirées, et elle mourut, comme elle le méritait, pour servir de pâture aux oiseaux de proie et aux bêtes féroces.

Le second châtiment ne tarda

pas. Psyché, ayant repris sa marche vagabonde, parvint dans une autre ville où résidait pareillement son autre sœur. Celle-ci, abusée par le même stratagème, et jalouse de supplanter sa sœur par un mariage criminel, courut au rocher, où elle périt de la même façon.

Pendant que Psyché courait le monde à la recherche de Cupidon, celui-ci, malade de la brûlure de la lampe, gémissait couché sur le lit même de sa mère. Alors la Mouette, cet oiseau blanc qui rase de ses ailes la surface des flots, plonge dans les profondeurs de l'Océan, et s'abat près de Vénus, qui se baignait et nageait. Elle lui annonce que son fils est alité, souffrant cruellement d'une brûlure, et ne sachant pas s'il en guérirait ; que dans tout l'univers la famille de Vénus est en butte à mille invectives depuis que le fils et la mère vivent à l'écart, l'un sur une montagne, théâtre de ses débauches, et l'autre au fond des eaux. « Aussi, ajoute-t-il, adieu le plaisir, la grâce, l'enjouement ; tout est triste, maussade, hideux ; plus de ménages unis, plus d'amitié solide, plus de tendresse filiale ; le désordre est au comble, et l'on se joue avec mépris des serments les plus saints. » Tels sont les propos que cet oiseau bavard et indiscret glissa dans l'oreille de

Vénus pour diffamer son fils.

Vénus, outrée de colère, s'écrie aussitôt : « Quoi ! mon bon fils a déjà une maîtresse ? Dis-moi vite, toi qui seule me sers avec amour, le nom de celle qui a séduit cet enfant candide et imberbe, soit qu'elle appartienne à la troupe des Nymphes, au nombre des Heures, au chœur des Muses ou au trio des Grâces mes suivantes. » L'oiseau jaseur n'eut garde de se taire. « Maîtresse, répondit-il, je ne saurais vous dire. Pourtant, si j'ai bonne mémoire, la jeune fille qu'il aime éperdument se nomme Psyché. — Comment ! s'écria Vénus avec indignation, il est amoureux de cette Psyché, rivale de mes appas et qui ose me ravir mon nom ! Ce marmot m'a pris sans doute pour une entremetteuse, et c'est moi qui, en la lui désignant, lui ai procuré cette fille ! »

En maugréant ainsi, elle sort précipitamment de la mer, et gagne aussitôt sa superbe demeure. Elle trouve son fils malade, comme on le lui avait dit, et de la porte elle crie de sa plus grosse voix : « Voilà une belle conduite qui fait honneur à votre naissance et à votre moralité ! Vous foulez aux pieds les ordres de votre mère ou plutôt de votre souveraine ; au lieu de déshonorer mon ennemie par de vils amours, vous lui prodiguez, tout bambin que vous êtes, des caresses coupables et prématurées, prétendant sans doute m'imposer pour bru une femme que je déteste. Vous croyez peut-être, débauché, corrupteur, monstre, que vous seul êtes capable d'avoir des enfants, et que je ne suis plus d'âge à devenir mère. Sachez donc que je vais mettre au monde un autre fils qui vaudra mieux que vous, et, pour vous humilier davantage, je veux adopter un de mes petits laquais et je lui donnerai ces ailes, ces torches, cet arc, ces flèches, tout ce matériel qui m'appartient et que je ne vous avais pas confié pour en faire un pareil usage:

pas une pièce de votre équipement ne vous vient de la fortune de votre père. Dès l'enfance, vous avez été mal élevé; vous avez les mains lestes, et vous frappez sans cesse ceux à qui vous devez le respect. Moi-même, moi, votre mère, parricide que vous êtes, vous me dépouillez tous les jours, vous m'avez battue cent fois et vous me méprisez comme si j'étais veuve. Vous ne craignez pas même votre beau-père, ce grand et puissant guerrier; que dis-je? pour me faire enrager, vous vous êtes mis sur le pied de lui procurer des filles. Mais je vous ferai repentir de ce jeu, et vous verrez que votre mariage ne sera pas tout roses.

« Maintenant devenue un objet de risée que faire? où m'adresser? Comment réprimer ce vaurien? Irai-je implorer le secours de mon ennemie la Sagesse, que j'ai si souvent offensée pour satisfaire aux fantaisies de cet enfant? Me faudra-t-il entrer en rapport avec cette femme grossière et rebutante? J'en frissonne d'horreur. Et pourtant ne négligeons pas les grandes consolations de la vengeance. Oui, j'irai trouver la Sagesse et point d'autre. Elle châtiera vertement ce fripon. Elle videra son carquois, émoussera ses flèches, débandera son arc, éteindra sa torche et le corrigera lui-même par des moyens violents. Je ne me croirai point vengée qu'elle n'ait rasé ces cheveux d'or que j'ai si souvent peignés de mes mains, et coupé ces ailes que j'ai arrosées de nectar sur mes genoux. »

A ces mots, Vénus sort furieuse en continuant d'exhaler sa bile. Elle est accostée aussitôt par Cérès et Junon, qui, lui voyant le visage enflammé, lui demandèrent pourquoi cet air farouche qui ternissait l'éclat de ses beaux yeux. « Vous arrivez à propos, leur dit-elle, au moment où la colère allait me pousser à des violences. Faites, je vous en prie, tous vos efforts pour me retrouver cette Psyché, qui s'est enfuie, envolée je ne sais où.

Car vous n'ignorez pas sans doute l'histoire scandaleuse de ma maison, et la conduite de celui que je ne dois plus nommer mon fils. »

Les deux déesses, qui savaient ce qui s'était passé, tâchèrent de calmer l'irritation de Vénus. « Quel grand mal, madame, a donc fait votre fils, pour vous opposer à ses plaisirs avec tant d'acharnement, et vouloir perdre celle qu'il aime ? Est-ce un crime, s'il vous plaît, de faire les yeux doux à une jolie fille ? Ne savez-vous pas que c'est un garçon tout formé, ou avez-vous oublié la date de sa naissance ? Parce qu'il porte gentiment son âge, le croyez-vous toujours enfant? Vous qui êtes mère, et, de plus, femme de sens, serez-vous sans cesse à épier les ébats de votre fils, à lui reprocher sa sensualité, à gêner ses amours, et à blâmer dans ce beau jouvenceau votre façon d'agir et vos jouissances? Qui des dieux, qui des mortels souffrira que vous semiez l'amour dans tout l'univers, si vous défendez d'aimer aux Amours de votre maison, et si vous leur interdisez la passion des femmes permise à tous?» Ainsi les déesses, par crainte des flèches de Cupidon, le couvraient de leur gracieux patronage, même en son absence. Mais Vénus, indignée de voir qu'elles ne prenaient pas son outrage au sérieux, leur tourna le dos et s'achemina à grands pas vers la mer.

Cependant Psyché continuait sa course vagabonde; préoccupée jour et nuit de la recherche de son époux, sa passion n'en devenait que plus vive. Quelque irrité qu'il fût, elle espérait sinon l'attendrir par les caresses de son épouse, du moins le désarmer par les supplications d'une esclave. Apercevant un temple sur le sommet d'une montagne escarpée : « Qui sait, dit-elle, si ce n'est pas là que réside mon seigneur et maître ? » Aussitôt, oubliant ses fatigues, elle se dirige en toute hâte vers le but que lui indiquaient ses espérances et ses vœux. Après avoir courageusement gravi des hauteurs prodigieuses, elle pénètre dans le sanctuaire. Elle voit des épis de blé amoncelés, d'autres tressés en couronnes, puis des épis d'orge. Il y avait aussi des faucilles avec un attirail complet pour les travaux de la moisson; mais tout cela était jeté pêle-mêle et au hasard, comme il arrive quand l'excès de la chaleur fait tomber l'outil des mains de l'ouvrier. Psyché démêle soigneusement tous ces objets et remet chaque chose à sa place, persuadée qu'elle ne devait négliger les autels et le culte d'aucune divinité, mais implorer de toutes une bienveillante compassion.

Pendant qu'elle se livre avec ardeur à cette occupation, la nourrice des humains, Cérès, l'aperçoit et pousse aussitôt un cri d'étonnement : « Ah ! malheureuse Psyché ! dit-elle, Vénus, transportée de fureur, cherche par tout l'univers la trace de tes pas ; elle veut te faire périr du dernier supplice, et, pour se venger, elle met en œuvre toute sa puissance. Et voilà que tu prends soin de mes intérêts, et que tu songes à toute autre chose qu'à ta sûreté. » Alors Psyché se prosterne aux pieds de la déesse, les inonde d'un ruisseau de larmes, et, balayant la terre de ses cheveux, elle implore la protection de Cérès par de pressantes supplications :

« Par votre main qui répand l'abondance, par les fêtes joyeuses de la moisson, par les mystères secrets des corbeilles, par le chariot ailé des dragons qui vous obéissent, par les sillons fertiles de la Sicile, par le char qui enleva Proserpine, par la terre qui la retient, par la descente qu'elle fit aux enfers et son ténébreux hyménée, par la triomphante illumination de votre retour après l'avoir retrouvée, par tout ce qu'Éleusis couvre d'un silence religieux, de grâce, venez en aide à la malheureuse Psyché qui vous supplie. Souffrez que je me cache, quelques jours seulement, parmi ces tas d'épis, jusqu'à ce que le temps ait calmé la fureur de cette puissante déesse, ou du moins que mes forces, épuisées par tant de fatigues, aient pris un peu de repos. »

Cérès lui répond : « Je suis touchée de tes larmes et de tes prières, et je voudrais te secourir ; mais Vénus est ma parente, j'ai avec elle de vieilles relations d'amitié, elle est de plus bonne femme, et je ne puis m'exposer à lui être désagréable. Sors donc de ce temple à l'instant, et sache-moi gré de ne pas te retenir prisonnière. » Repoussée contre son attente, et doublement désolée, Psyché retourne sur ses pas. A travers l'éclaircie d'un bois sacré elle aperçoit au fond d'un vallon un temple d'élégante architecture. Voulant ne négliger aucune chance de salut, même douteuse, et implorer l'assistance de tous les dieux, elle s'approche de l'enceinte sacrée. Elle voit de riches offrandes : aux branches des arbres et aux portes du temple étaient suspendues des robes brodées de lettres d'or, indiquant le nom de la déesse à qui elles étaient dédiées et rappelant le souvenir du bienfait. Psyché s'agenouille, embrasse l'autel encore tiède, et, après avoir essuyé ses larmes, elle fait cette prière :

« Sœur et épouse du grand Jupiter, soit que vous habitiez

les temples antiques de Samos, qui se glorifie d'avoir entendu vos premiers vagissements et de vous avoir nourrie ; soit que vous fréquentiez les opulentes demeures de l'altière Carthage, qui vous adore sous les traits d'une vierge allant au ciel montée sur un lion ; soit que, près des rives de l'Inachus, qui depuis longtemps vous proclame l'épouse du maître du tonnerre et la reine des déesses, vous protégiez les murs célèbres d'Argos ; vous que tout l'Orient vénère sous le nom de Zygie, et que tout l'Occident invoque sous celui de Lucine, soyez pour moi dans mon infortune Junon Protectrice ; épuisée que je suis par tant de fatigues qu'il m'a fallu subir, délivrez-moi de la crainte du péril qui me menace. Vous aimez, je le sais, à secourir avec empressement les femmes en mal d'enfant dont la vie est en danger. »

Pendant cette invocation, Junon se présente à elle dans tout l'éclat de sa divinité, et lui dit : « Je ne demanderais pas mieux assurément que d'exaucer ta prière, mais les convenances ne me permettent pas d'agir contre la volonté de Vénus, ma bru, que j'ai toujours aimée comme une fille. D'ailleurs, je suis retenue par les lois qui défendent d'accueillir malgré leurs maîtres les esclaves fugitifs. »

Abattue par ce nouvel échec, et ne pouvant atteindre son mari ailé, Psyché, à qui il ne restait plus d'espoir de salut, fit en elle-même ces réflexions : « Quels secours solliciter et obtenir dans mon infortune, puisque les déesses même, malgré leur bienveillance, n'ont pu s'intéresser à moi? Où diriger mes pas, au milieu de tant de piéges? Sous quel toit, dans quel obscure retraite, échapperai-je au regard inévitable de la puissante Vénus? Arme-toi donc d'un cœur viril, renonce courageusement à tes frivoles espérances, va te livrer toi-même à ta souveraine ; ta soumission tardive apaisera le feu de sa colère. Qui sait? peut-être trouveras-tu dans le palais de sa mère celui que tu cherches depuis si longtemps. » Ainsi préparée à une soumission hasardeuse ou plutôt à une mort certaine, Psyché méditait en elle-même l'exorde de ses prochaines supplications.

Cependant Vénus, renonçant aux moyens d'investigation sur la terre, veut en demander au ciel. Elle fait préparer le char que l'orfévre Vulcain lui avait construit avec un art merveilleux, et qu'il lui avait offert en cadeau de noces avant les prémices de l'hymen. La lime, en l'amincissant, l'avait embelli, et le déchet de l'or ne lui donnait que plus de prix. Des nombreuses colombes qui séjournent près de la chambre de la déesse, quatre, éclatantes de blancheur, s'avancent en se rengorgeant avec grâce et passent leurs cous chatoyants dans un frein étincelant de pierreries. Leur maîtresse installée, elles prennent gaiement leur vol. Autour du char de la déesse voltigent des passereaux, poussant des gazouillements confus; d'autres oiseaux, dont le chant est agréable, annoncent par leurs ramages mélodieux l'arrivée de Vénus. Devant elle les nuées s'écartent, le ciel s'entr'ouvre; l'empyrée la reçoit avec allégresse. Le cortége harmonieux de la puissante Vénus ne redoute ni la rencontre de l'aigle ni celle du vorace vautour.

Elle se dirige aussitôt vers la résidence royale de Jupiter, et, d'un ton plein de hauteur, elle réclame le ministère de Mercure, le dieu à la voix retentissante. Le noir sourcil de Jupiter ne refuse pas. A l'instant même Vénus triomphante descend du ciel, accompagnée de Mercure, à qui elle adresse avec chaleur ces paroles : « Mon frère l'Arcadien, tu sais que ta sœur Vénus n'a jamais rien fait sans l'intervention de Mercure, et tu n'ignores pas depuis combien de temps je cherche sans réussir une esclave qui se cache. Je n'ai plus qu'une ressource, c'est de promettre publiquement par ton office une récompense à qui la trouvera. Acquitte-toi donc sans retard de ma commission, et indique clairement le signalement de cette fille, afin que celui qui sera inculpé de l'avoir cachée illicitement ne puisse invoquer pour excuse son ignorance. » En disant ces mots, elle lui remet un billet contenant le nom de Psyché et les autres indications, après quoi elle rentre chez elle.

Mercure ne manqua pas d'obéir. Parcourant toutes les contrées de la terre, il fit en ces termes l'annonce dont il était chargé : « Quiconque pourra arrêter dans sa fuite ou découvrir dans sa retraite une fille de roi, esclave de Vénus, nommée Psyché, en donnera avis au crieur Mercure, derrière les Pyramides Murtiennes. Pour prix de ses renseignements, il recevra de la bouche même de Vénus sept doux baisers, et un autre rendu plus délicieux par les caresses de la langue. » A cette annonce de Mercure, l'ambition d'une si belle récompense avait excité le zèle de tous les mortels. Cette circonstance acheva de bannir toute irrésolution dans l'âme de Psyché.

Elle approchait des portes de sa maîtresse, quand survint une des suivantes de Vénus, nommée l'Habitude, qui lui cria le plus haut qu'elle put : « Servante abominable, tu te souviens donc enfin que tu as une maîtresse? Avec ton effronterie, feindras-tu aussi d'ignorer toutes les fatigues que nous avons essuyées en courant après toi ? Par bonheur, tu tombes justement dans mes mains ; te voilà prise maintenant dans les serres de l'Orcus ; tu vas être punie à l'instant même de ta rébellion. » Et, l'empoignant hardiment par les cheveux, elle l'entraîna sans qu'elle fît résistance.

A peine fut-elle introduite que Vénus, la voyant offerte à ses coups, poussa un de ces grands éclats de rire que produit souvent l'excès de la colère, puis hochant la tête et se grattant l'oreille droite : « Enfin, dit-elle, vous avez daigné venir saluer votre belle-mère. Ne serait-ce pas plutôt à votre mari, malade par une blessure de votre fait, que s'adresse votre visite ? Mais soyez tranquille, je vais vous recevoir comme le mérite une bonne bru. » Puis elle ajouta : « Où sont mes servantes l'Inquiétude et la Tristesse ? » On les fait entrer, et Vénus livre sa victime à leurs tortures. Dociles aux ordres de leur maîtresse, elles frappent de verges la pauvre Psyché, l'accablent de mauvais traitements et la ramènent devant la déesse.

Alors Vénus, partant d'un

nouvel éclat de rire : « Voilà, dit-elle, un gros ventre bien fait pour exciter ma commisération, puisqu'il me procurera le bonheur d'être la grand'mère d'un noble rejeton ! Ne suis-je pas trop heureuse d'être appelée grand'mère à la fleur de mon âge, et d'entendre nommer l'enfant d'une misérable servante petit-fils de Vénus ? Mais, folle que je suis, j'aurai tort de le nommer mon fils. Ce mariage est inégal ; en outre, consommé dans une campagne, sans témoins et sans le consentement du père, il ne saurait être considéré comme légitime. Ainsi donc, cet enfant naîtra bâtard, si toutefois nous te laissons le temps de le mettre au monde. »

En achevant ces mots, elle s'élance sur Psyché, lui met sa robe en pièces, lui arrache les cheveux, lui meurtrit de coups la tête et la maltraite horriblement. Ensuite elle se fait apporter du blé, de l'orge, du millet, de la graine de pavot, des pois, des lentilles et des fèves, puis, mêlant et confondant le tout en un seul tas, elle dit à Psyché : « Une servante aussi laide que toi n'a d'autre moyen de plaire à ses amis que son activité à les servir. Je vais à mon tour essayer ton savoir-faire. Trie-moi cet amas confus de semences; prends chaque graine une à une et mets-les soigneusement à part. Je te donne jusqu'à ce soir pour terminer cet ouvrage. » Après lui avoir taillé cette lourde besogne, Vénus sortit pour se rendre à un repas de noces.

Psyché ne met point la main à cet amas confus et inextricable ; consternée devant un ordre aussi monstrueux, elle reste muette et immobile de stupeur. Alors la fourmi, ce petit insecte qui habite les champs, comprenant toute la difficulté d'une pareille tâche, eut pitié de l'embarras où se trouvait l'épouse d'un puissant dieu, et fut révoltée de la cruauté de sa belle-mère. Courant de tout côté, elle convoqua et réunit le corps entier des fourmis du canton.

« Soyez compatissantes, leur dit-elle, filles agiles de la terre féconde, soyez compatissantes ; hâtez-vous de venir en aide à une jeune beauté, l'épouse de l'Amour. » La gent à six pattes accourt par myriades. Les fourmis, pleines d'ardeur, démêlent grain à grain tout le monceau, et, après avoir séparé chaque espèce en des tas distincts, elles disparaissent en un clin d'œil. Au commencement de la nuit, Vénus revient du repas de noces, échauffée par le vin, ruisselante de parfums, et le corps entrelacé de guirlandes de roses. En voyant avec quel soin merveilleux la tâche était remplie : « Ce n'est pas toi, coquine, s'écrie-t-elle, ce ne sont pas tes mains qui ont fait cette besogne ; c'est celui auquel, pour ton malheur et pour le sien, tu as plu. » Elle lui jette un morceau de pain grossier, et va se coucher.

Pendant ce temps, Cupidon, renfermé seul dans une chambre au fond du palais, était étroitement gardé à vue. On craignait d'un côté qu'il n'aggravât sa blessure par de nouvelles fredaines, et, de l'autre, qu'il n'allât rejoindre sa belle. Les deux amants, séparés l'un de l'autre sous le même toit, passèrent une nuit affreuse. L'Aurore venait de monter sur son char, quand Vénus, appelant Psyché, lui dit : « Vois-tu ce bois qui borde les rives d'un fleuve dont les eaux profondes prennent leur source dans le voisinage ? De belles brebis, à la toison dorée, y paissent sans gardien. Je veux que tu te procures à tout prix un flocon de laine de leur riche toison, et que tu me l'apportes à l'instant. »

Psyché partit avec empressement, non pour accomplir cet ordre, mais pour mettre un terme à ses souffrances en se précipitant dans le fleuve. Mais du sein du fleuve un vert roseau, mélodieux enfant de l'harmonie, agité par le doux frémissement d'un léger zéphyr, prophétisa en ces termes : « Psyché, éprouvée par tant d'infortunes, ne souille pas la pureté de mes ondes par ton trépas malheureux, et n'approche point des brebis redoutables qui paissent sur cette rive. Tant que le soleil darde sur elles ses rayons brûlants, elles sont possédées d'une rage furieuse ; de leurs cornes aiguës, de leur front de granit, de leurs morsures venimeuses, elles attentent à la vie des mortels. Mais dans l'après-midi, quand les ardeurs du soleil seront ralenties et que les fraîches émanations du fleuve auront calmé ces animaux, tu pourras te cacher sans être vue sous ce haut platane, nourri des mêmes eaux que moi. Aussitôt que les brebis, dont la fureur sera apaisée, commenceront à goûter le repos, en battant les feuilles des arbres voisins, tu trouveras la laine d'or qui reste attachée aux branchages. » C'est ainsi que ce roseau franc et humain indiqua à la malheureuse Psyché les moyens d'assurer son salut. Munie de ces instructions, dont elle ne devait pas se repentir, elle ne négligea rien, observa tout, commit aisément son larcin, et retourna vers Vénus, le sein rempli de cet or soyeux.

Toutefois l'issue de cette seconde épreuve ne conquit pas à Psyché l'approbation de sa maîtresse. Vénus, fronçant le sourcil, lui dit avec un sourire amer : « Je reconnais encore ici la main d'un agent perfide. Mais je vais m'assurer une bonne fois si tu es douée d'un cœur vaillant et d'une âme prudente. Vois-tu cette pointe de rocher qui se dresse à la cime d'une haute montagne, et d'où jaillit une source dont les eaux noirâtres, recueillies dans le creux d'un vallon voisin, se répandent dans les marais du Styx et alimentent les rauques ondes du Cocyte ? Tu iras puiser cette eau glaciale au jet même de la source, et tu me l'apporteras dans cette petite urne. » En disant cela, elle lui remet un petit vase de cristal poli, et accompagne cet ordre des plus terribles menaces.

Psyché, accélérant le pas, se hâte de gagner le sommet de la montagne, dans l'espoir d'y trouver le terme de sa misérable existence. Mais à peine touche-t-elle aux lieux qui avoisinent le point désigné, qu'elle voit toute l'étendue et les difficultés mortelles de sa tâche. Un rocher d'une hauteur prodigieuse, d'un escarpement inaccessible, vomissait du milieu de ses flancs des eaux formidables qui, s'échappant à travers mille crevasses, coulaient perpendiculairement et, s'encaissant dans un canal étroit, tombaient inaperçues dans la vallée voisine. A droite et à gauche, du creux des rochers s'avançaient des dragons furieux, le cou allongé, les paupières immobiles, les yeux constamment ouverts. D'ailleurs ces eaux parlantes se défendaient elles-mêmes. « Arrière! Que fais-tu? Attention! Où vas-tu? Prends garde! Fuis! Tu vas périr! » Tels étaient les cris qu'elles poussaient à chaque instant.

Psyché resta pétrifiée, en voyant l'impossibilité de sa tâche. Bien que présente de corps, le sentiment chez elle était absent; écrasée sous le poids d'un danger inévitable, elle n'avait pas même la suprême consolation des larmes. Mais les tribulations de cette âme innocente n'échappèrent point à l'œil puissant d'une providence tutélaire. Tout à coup l'oiseau royal du grand

Jupiter, l'aigle ravisseur, apparut les ailes déployées. Reconnaissant d'un service que lui avait rendu jadis Cupidon en favorisant le rapt du Phrygien, échanson de Jupiter, il accourait des hauteurs de l'Empyrée pour offrir à propos son assistance et honorer la majesté du dieu dans les travaux de son épouse. Voltigeant en face de la jeune fille, il lui dit : « Simple et inexpérimentée que vous êtes, croyez-vous pouvoir dérober une seule goutte de cette source non moins terrible que sacrée ? Espérez-vous seulement en approcher ? Ne savez-vous donc pas que les dieux même, y compris Jupiter, redoutent ces eaux du Styx, et que si vous autres mortels jurez par la puissance des dieux, les dieux jurent par la majesté du Styx ? Mais donnez-moi cette petite urne. » Il s'en empare aussitôt pour la remplir; puis, balançant ses lourdes ailes, il les étend à droite et à gauche comme des rames, à travers ces dragons aux mâchoires garnies de dents formidables et à la langue armée d'un triple dard; et quand les ondes courroucées le somment avec menaces de se retirer sans commettre un sacrilége, il leur répond par un mensonge qu'il est venu par ordre de Vénus, et qu'il exécute ses volontés. Il se ménagea ainsi un accès un peu plus facile.

Psyché reçut avec joie la petite urne pleine et se hâta de la rapporter à Vénus. Toutefois elle ne put pas encore désarmer la colère de l'implacable déesse. Celle-ci, la menaçant d'épreuves plus pénibles et plus périlleuses, lui dit avec un sourire sinistre : « Il faut que tu sois une magicienne profondément versée dans l'art des maléfices pour t'être acquittée si bien des ordres que je t'ai donnés. Mais voici, ma mignonne, un nouveau service que j'attends de toi. Prends cette boîte (elle lui remet une boîte), et dirige-toi vers les enfers, jusqu'aux sombres pénates de Pluton, puis, présentant la boîte à Proserpine, tu lui diras :

« Vénus vous prie de lui en-
« voyer un peu de votre beauté ;
« ce qu'il lui en faut pour un
« jour seulement, car elle a usé
« et perdu toute celle qu'elle
« avait en donnant ses soins à
« son fils malade. » Mais reviens
au plus vite, car il faut que je
sois parée pour assister au théâtre des dieux. »

Alors Psyché comprit pour le
coup qu'elle touchait au terme
fatal ; rejetant toute illusion,
elle vit clairement qu'on la pous-
sait vers un prompt trépas. Comment en douter, puisqu'on la
forçait à se rendre à pied dans
le Tartare et chez les Mânes ?
Sans plus tarder, elle se dirige
vers une tour très-élevée, dans

l'intention de se précipiter du haut en bas. Elle pensait que c'était le plus court et le meilleur chemin pour descendre aux enfers. Mais la tour, élevant soudain la voix : « Pourquoi, pauvre enfant, dit-elle, chercher la mort en te précipitant ? Pourquoi succomber follement devant cette dernière épreuve et cette nouvelle tâche ? Si ton âme est une fois séparée de ton corps, tu iras sans doute jusqu'au fond du Tartare, mais tu ne pourras en revenir à aucun prix. Écoute-moi : Lacédémone, noble cité de l'Achaïe, n'est pas loin d'ici. Cherche dans ses environs le Ténare, caché dans des lieux écartés. Là est un soupirail des enfers, dont les portes béantes indiquent une route où nul n'a pénétré. Une fois que, cette limite franchie, tu te seras engagée dans le chemin, tu arriveras en droite ligne au palais même de Pluton. Mais garde-toi de t'aventurer les mains vides au milieu de ces ténèbres; tu porteras dans chaque main un gâteau de farine d'orge pétri avec du miel, et tu mettras dans ta bouche deux pièces de monnaie. Quand tu auras fait une bonne partie du chemin qui mène chez les morts, tu rencontreras un âne boiteux, chargé de fagots, avec un ânier boiteux. Celui-ci te priera de lui ramasser quelques morceaux de bois tombés de sa charge; mais tu passeras outre sans répondre un mot. Tu arriveras bientôt au fleuve de l'Érèbe, où le préposé Caron exige son péage avant de transporter les passagers sur l'autre rive dans sa barque rapiécée. Ainsi l'avarice vit jusque sur les morts! Ni Caron, ni Pluton même, ce dieu si puissant, ne font rien pour rien. Le pauvre, en mourant, doit quérir ses frais de voyage, et, s'il n'a point en main la pièce de monnaie, il ne lui est pas permis de rendre l'âme. Tu remettras à ce hideux vieillard, à titre de péage, une de tes deux pièces de monnaie, en ayant soin toutefois qu'il la prenne lui-même de sa main dans ta bouche. Ce n'est pas tout : pendant que tu traverseras cette onde stagnante, un vieillard mort, flottant sur l'eau, tendra vers toi ses mains cadavéreuses et te suppliera de l'attirer dans la barque. Ne te laisse point émouvoir par une compassion défendue. Le fleuve franchi, quand tu auras fait quelques pas, de vieilles femmes, occupées à tisser de la toile, te demanderont de leur donner un coup de main. Garde-toi bien d'en rien faire : ce sont autant de piéges tendus par Vénus qui t'en réserve beaucoup d'autres pour que tes mains laissent échapper au moins un gâteau. Ne crois pas que la perte de ces gâteaux soit chose indifférente, car si tu venais à te dessaisir d'un seul, la lumière du jour te serait à jamais refusée. Un énorme chien, à triple tête, monstre épouvantable, dont les aboiements forcenés effraient en vain les morts auxquels il ne peut plus faire de mal, veille sans cesse au seuil même des noirs appartements de Proserpine, et garde le palais silencieux de Pluton. Tu le maîtriseras en lui jetant un de tes gâteaux, et tu passeras outre aisément. Tu entreras aussitôt chez Proserpine, qui te recevra avec douceur et bonté, t'engagera à t'asseoir commodément et t'offrira un bon dîner. Mais assieds-toi par terre et ne demande que du pain noir. Tu exposeras ensuite le motif de ton arrivée, et tu prendras ce que l'on te donnera. En retournant sur tes pas, rachète-toi de la gueule du chien moyennant l'autre gâteau. Puis, après avoir remis à l'avare nocher ta seconde pièce de monnaie et avoir franchi son fleuve, tu reprendras le chemin que tu avais suivi d'abord et tu reviendras sous la voûte des constellations célestes. Mais il y a une chose que je te recommande par-dessus tout, c'est de ne point t'aviser d'ouvrir ni d'examiner la boîte que tu porteras, et au fond de laquelle sera renfermé soigneusement ce trésor d'une beauté divine. » C'est ainsi que cette tour prévoyante développa sa prophétie.

Psyché se dirige aussitôt vers le Ténare. Munie de ses deux oboles et de ses deux gâteaux, elle descend rapidement le sentier infernal, passe sans mot dire devant l'ânier boiteux, donne le péage au nocher, reste sourde aux instances du mort qui surnage, ne tient pas compte des prières perfides des tisseuses, endort au moyen d'un gâteau la rage de l'horrible chien, et pénètre dans le palais de Proserpine. Elle n'accepte ni le siége délicat, ni les mets exquis que lui offre la déesse hospitalière; mais, s'asseyant par terre à ses pieds et se contentant d'un morceau de pain grossier, elle accomplit le message de Vénus. Elle reçoit la boîte remplie secrètement et refermée, puis, après avoir bridé avec son second gâteau les abois du chien, et remis au nocher sa dernière obole, elle sort des enfers plus lestement qu'elle n'y était entrée. Elle adore en la revoyant la blanche lumière des cieux; mais, malgré son impatience de terminer sa mission, une curiosité téméraire s'empare de son esprit : « Sotte que je suis, dit-elle, je porte dans mes mains la beauté divine, et je n'en prendrais pas un tant soit peu pour plaire à mon bel amant! » En disant cela, elle ouvre la boîte. Il n'y avait absolument rien, pas la moindre beauté, mais un sommeil infernal, un vrai sommeil du Styx qui, à peine le couvercle soulevé, s'empare de Psyché, se répand dans tous ses membres comme un nuage épais, et la terrasse au milieu du chemin. Elle était étendue sans mouvement et ressemblait à un cadavre endormi.

Cupidon, complétement remis de sa blessure, avait recouvré ses forces. Ne pouvant supporter plus longtemps l'absence de sa chère Psyché, il s'évada par l'étroite fenêtre de la chambre où on le tenait captif, et, comme ses ailes s'étaient rafraîchies dans un long repos, il accourut en un clin d'œil vers son amante. Après l'avoir dégagée avec soin du sommeil qui l'oppresse, il le replace au fond de la boîte, puis, touchant légèrement Psyché de la pointe d'une de ses flèches, il la réveille. « Malheureuse enfant, lui dit-il, te voilà encore victime de ta curiosité! Allons, acquitte-toi sans retard de la commission dont t'a chargée ma mère; moi, j'aviserai au reste. » A ces mots, l'amant ailé prend son vol. Psyché se hâte de porter à Vénus le cadeau de Proserpine.

Cependant Cupidon, dévoré d'amour et craignant, à l'air courroucé de sa mère, que la

Sagesse n'intervienne, recourt à ses batteries. D'une aile rapide il franchit la voûte des cieux, implore le grand Jupiter et plaide sa cause devant lui. Alors Jupiter, prenant dans sa main les petites joues de Cupidon, les approche de ses lèvres, les baise, et lui dit : « Monsieur mon fils, vous n'avez jamais respecté en moi le rang que j'occupe du consentement des dieux. Ce cœur, qui règle les éléments, qui dirige les révolutions célestes, vous le blessez sans cesse de vos coups, vous le dégradez à chaque instant par des passions terrestres, au mépris des lois, de la loi Julia notamment, et de la morale publique. Vous compromettez mon honneur et ma réputation par de scandaleux adultères, en changeant par une ignoble métamorphose mon auguste personne en serpent, en flamme, en bête sauvage, en oiseau, en animal domestique. Néanmoins je me montrerai débonnaire, et, puisque vous avez grandi entre mes bras, je ferai droit à votre requête, à la condition toutefois que vous vous tiendrez en garde contre vos rivaux, et que, s'il existe en ce moment sur la terre une fille d'une éclatante beauté, vous vous rappellerez que vous me devez en elle une compensation. »

Ayant ainsi parlé, il ordonne

à Mercure de convoquer immédiatement tous les dieux à une séance, et de déclarer que si quelqu'un des immortels faisait défaut, il serait frappé d'une amende de dix mille écus. Grâce à cette menace, l'amphithéâtre céleste se remplit aussitôt ; le grand Jupiter, assis sur un trône élevé, prend la parole en ces termes : « Dieux, dont les noms sont inscrits au rôle des Muses, vous savez tous à n'en pas douter que j'ai fait moi-même l'éducation de ce jouvenceau. J'ai résolu de mettre un frein aux bouillants accès de sa première jeunesse. Voilà assez longtemps qu'il se fait décrier tous les jours par ses adultères et ses nombreux désordres. Il faut lui ôter toute occasion et enchaîner sa fougue juvénile dans les liens du mariage. Il a fait choix d'une jeune fille, et lui a ravi sa virginité ; qu'il la garde, qu'il la possède, qu'uni à Psyché, il jouisse à jamais de ses amours. » Puis, tournant ses regards vers Vénus : « Et vous, ma fille, lui dit-il, ne vous attristez pas. Ne craignez point qu'une mésalliance ternisse la haute noblesse de votre maison. Il s'agit de nœuds assortis, légitimes et contractés selon les formes du droit civil. » Aussitôt il ordonne à Mercure d'enlever Psyché et de l'amener au ciel. Présentant à la jeune fille une coupe d'ambroisie :

« Prends, Psyché, lui dit-il, et sois immortelle. Un nœud indissoluble t'unit à Cupidon, et votre hymen sera éternel. »

A l'instant même s'offre aux regards un splendide repas de noces. Sur le lit d'honneur avait pris place le mari, tenant Psyché dans ses bras; on voyait ensuite Jupiter avec sa Junon et tous les dieux suivant leur rang. Bientôt circule le nectar, qui est le vin des immortels; Jupiter a pour échanson son jeune berger, et Bacchus remplit les coupes des autres dieux. Vulcain préparait le dîner. Les Heures semaient partout des roses et d'autres fleurs; les Grâces répandaient des parfums; les

Muses faisaient entendre leurs voix mélodieuses. Apollon chanta en s'accompagnant de la cithare. La belle Vénus dansa en réglant ses pas sur une musique agréable; son orchestre était composé de la sorte : les Muses chantaient en chœur, un satyre jouait de la flûte, un faune du chalumeau. C'est ainsi que Psyché tomba légalement en la puissance de Cupidon. Il leur naquit au bout de neuf mois une fille, que nous appelons la Volupté.

A Paris

DES PRESSES DE D. JOUAUST

Rue Saint-Honoré, 338

BIBLIOTHÈQUE
RÉCRÉATIVE

EN VENTE :

ÉRASME.	Le Congrès des femmes...	1 fr.
—	La Fille ennemie du mariage et repentante.......	2
—	Le Mariage.........	2
—	Le Jeune Homme et la Fille de joie..........	1
—	L'Amant et la Maîtresse..	2
—	Le Repas anecdotique....	2
—	L'Entretien des Vieillards..	2
—	Le Chevalier sans cheval..	1
—	Les Mendiants riches...	2
—	Caron.............	1
—	Le Revenant.........	1 50
—	Le Cyclope..........	1
—	L'Alchimie..........	1
—	L'Accouchée.........	2 50
—	Le Pèlerinage........	3
—	L'Union mal assortie....	1 50
—	Les Obsèques séraphiques..	2
—	L'Enterrement.......	2
—	L'Opulence sordide.....	1 50

HEINSIUS. *Éloge du Pou*..........	1 5
JEAN SECOND. *Les Baisers*........	2
— *Julie, poëme*.........	3
— *Les Amours*........	2
— *Odes*...........	2
— *Le Palais de la Richesse*.	1
PÉTRARQUE. *Grisélidis*...........	2
ULRIC DE HUTTEN. *Dialogue très-facétieux et très-salé*....	2
— *Lettres des Hommes obscurs, en 3 vol. à 3 fr*......	9
CATON. *Distiques moraux*........	2
PERSE. *Satires*................	3
SÉNÈQUE. *Apocoloquintose*........	2
APULÉE. *Psyché*...............	3
BOUFFLERS. *Aline, reine de Golconde*.	2
CRÉBILLON fils. *Le Sylphe*.......	2
SCARRON. *Le Combat des Parques et des Poëtes*.........	1 50

OCTOBRE 1873.

Paris. — Imp. Jouaust.

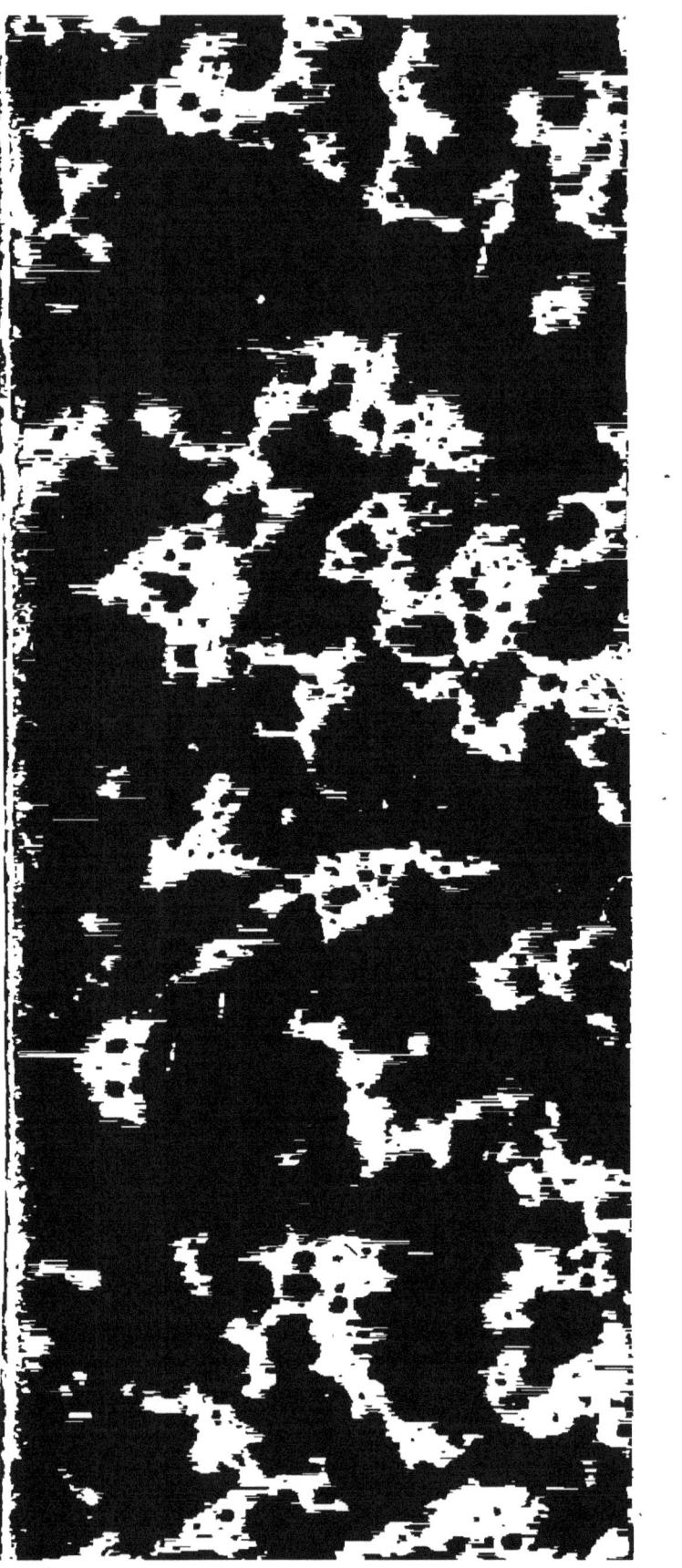

www.ingramcontent.com/pod-product-compliance
Lightning Source LLC
Chambersburg PA
CBHW060143100426
42744CB00007B/883